Geschenke aus dem Garten

OTUS Lifestyle

Inhalt

Vorwort

Selbstgemachtes als Mitbringsel oder Geschenk kommt immer gut an, denn die Zuwendung und Mühe, die in einer selbst gemachten Marmelade und in einem eigens hergestellten Öl oder Chutney steckt, kann man nun mal nicht im Laden kaufen! Schenker und Beschenkter können sicher sein, dass es sich um mit Liebe gezogene und unbehandelte Zutaten handelt, und hübsch verpackt und verziert bietet ein Geschenk aus dem Garten oder vom eigenen Balkon Abwechslung zum kommerziellen Einheitsbrei.

Dabei können Sie Ihre Geschenke ganz auf den persönlichen Geschmack des Beschenkten abstimmen. Wer es z. B. gern herzhaft mag, freut sich bestimmt über ein Pesto, ein Chutney oder einen Aufstrich wie z. B. einen cremigen Möhren-Aufstrich mit Apfel und Frischkäse, ein scharfes Paprika-Chutney mit Tomaten und Kräutern oder ein kräftiges Rote-Bete-Pesto mit Walnüssen. Hobbyköche wissen sicher ein hochwertiges Chili-Öl oder eine aromatische Lavendel-Butter zu schätzen. Wer sich hingegen an Hochprozentigem erfreut, für den ist z. B. Limoncello oder Johannisbeerlikör das richtige Geschenk. Und Naschkatzen können Sie sicher mit süßen Geschenken wie Himbeercupcakes mit Mascarpone-Topping, Apfelrosen mit Marillenmarmelade oder Schoko-Erdbeeren begeistern. Probieren Sie es einfach aus! Viel Spaß beim Zubereiten, Verpacken und Verschenken!

Gartenfreude verschenken

Selbst gemachte Köstlichkeiten

Ob zum Geburtstag, anlässlich einer Einladung oder zu einem Fest wie Ostern oder Weihnachten – über ein Mitbringsel freut sich jeder. Selbstgemachtes zu verschenken war bereits zu Großmutters Zeiten gang und gäbe. Und auch heute kommt es wieder immer mehr in Mode. Denn so zeitaufwendig und mühsam, wie manch einer denkt, muss es gar nicht sein!

Vorüberlegungen

Bevor Sie mit dem Kochen loslegen, sollten Sie sich zunächst Gedanken über das jeweils passende Geschenk machen. Überlegen Sie, welche Ernährungsgewohnheiten (z. B. Veganer, Vegetarier), Vorlieben und Abneigungen bzw. Unverträglichkeiten der Beschenkte hat, was zum jeweiligen Anlass passt, wie viel Zeit für die Zubereitung zur Verfügung steht und wie aufwendig die Herstellung dementsprechend sein darf. So können Sie z. B. Gebäck wie Muffins noch spontan am selben Tag herstellen, an dem sie verschenkt werden sollen, einige Essige und Öle hingegen müssen mehrere Wochen durchziehen, um ihr volles Aroma zu entwickeln. Marmeladen, Chutneys, Eingelegtes und Eingemachtes können Sie z. B. auch auf Vorrat herstellen. Sie halten sich, gut gekühlt und ungeöffnet, ca. sechs Monate. So haben Sie bei Bedarf stets ein passendes Geschenk parat, ohne lange im Geschäft suchen zu müssen.

Geschenke rund ums Erntejahr

Wer einen Garten sein Eigen nennt, hat oftmals Obst, Gemüse und Kräuter im Überfluss. Schon ein Balkon oder eine eigene Terrasse sind bereits ausreichend für den eigenen Anbau. Im Frühjahr können Sie z. B. Erdbeeren zu leckerem Sirup oder Schokopralinen verarbeiten. Die ersten Kräuter des Jahres wie z. B. Brennnesseln oder Himbeerblätter bieten sich für selbst

gemachte Teemischungen an. Im Sommer sind frische Törtchen, Muffins und kleines Gebäck mit Obst aus dem eigenen Garten der Hit. Auch Kräuter wie z. B. Lavendel können jetzt geerntet und konserviert werden. Sie bieten eine herrliche Grundlage für Kräuterbutter und aromatisieren Öle, Dressings, Essig und Chutneys. Und auch Gemüse wie Möhren, Zwiebeln, Paprika, Gurken oder Tomaten bieten viele Zubereitungsmöglichkeiten. Im Herbst bieten sich z. B. Suppen und Chutneys aus Kürbissen oder Gebäck mit Äpfeln an. Wintersorten lassen sich auch noch spät im Jahr ernten und lange lagern. Und ganz unabhängig von der Saison hält sich Eingelegtes und Eingemachtes das ganze Jahr über als Geschenk für die unterschiedlichsten Anlässe.

Gemüse, Obst und Kräuter kaufen

Wer Lust darauf hat, Selbstgemachtes aus Gemüse, Obst und Kräutern zu verschenken, jedoch keinen eigenen Garten besitzt, sollte auf hochwertige, saisonale und regionale Produkte zurückgreifen. Diese sind besonders frisch und günstig und schmecken am besten. Neben der Regionaltheke im Supermarkt erhält man sie z. B. auf Wochenmärkten, in Bioläden oder von Bauern mit Direktvertrieb. Im Sommer locken auch Anbaufelder zum Selbstpflücken. Achten Sie jedoch stets darauf, dass Obst und Gemüse keine Druckstellen, schimmelige oder faule Stellen aufweisen, und bewahren Sie frisches Obst und Gemüse nicht zu lange auf, sondern verarbeiten Sie es möglichst gleich nach der Ernte.

Pesto, Chutney & Aufstriche
als Mitbringsel

Zwiebel-Chutney
mit karamellisierten Zwiebeln

Zutaten

400 g rote Zwiebeln
30 g Ingwer
1 getrocknete Chilischote
150 g brauner Zucker
175 ml milder Essig
1 EL Senfkörner
1 Msp. gemahlener Piment
Meersalz

Zubereitungszeit
ca. 35 Minuten
Für 2 Gläser (à 250 ml)

Zubereitung

1. Zwiebeln schälen und in feine Streifen schneiden. Ingwer schälen und fein hacken. Chilischote fein würfeln. Zucker schmelzen und goldbraun karamellisieren lassen.

2. Zwiebeln, Ingwer und Chili zugeben. Mit Essig und 100 Milliliter Wasser ablöschen. Alles gut verrühren, bis sich der Karamell gelöst hat. Senfkörner und Piment zugeben und ca. 15 Minuten bei mittlerer Hitze einkochen lassen.

3. Chutney mit Salz abschmecken und noch heiß in vorbereitete Gläser mit Schraubverschluss füllen.

Tipp

Bevor man Chutneys, Öle oder Marmeladen verschenkt, bietet es sich an, das Einmachglas zu dekorieren. Dabei sind der Kreativität keine Grenzen gesetzt. Probieren Sie einfach mal, das Glas mit Glasmalfarbe zu bemalen oder bekleben Sie es mit dekorativen Spitzenbändern.

Zutatenliste

CHUTNEY
CHUTNEY
CHUTNEY

Chutney-Variationen
aus dem Garten

Zutaten

750 g säuerliche Äpfel
20 g Ingwer, 1 Zwiebel
1 EL Olivenöl, 150 g Zucker
50 ml Apfelessig, 5 Gewürznelken, 1 Msp. Chilli
1 TL Senfkörner, Salz
frisch gemahlener Pfeffer

Zubereitungszeit ca. 50 Minuten
Für 4 Gläser (à 200 ml)

600 g Tomaten, 200 g Pfirsiche, 1 große Zwiebel
2 Knoblauchzehen
1 Chilischote , 180 ml Apfelessig, 100 g Zucker
1/2 EL Paprikapulver
1 TL Senfkörner, Salz

Zubereitungszeit ca. 2 Stunden
Für 4 Gläser (à 200 ml)

Zutatenlisten

Apfel-Chutney

1. Äpfel schälen, vierteln, die Kerngehäuse entfernen und in Würfel schneiden. Ingwer schälen und fein hacken. Zwiebel schälen und fein würfeln.

2. Zwiebeln in Öl anschwitzen und 1/3 der Zuckermenge darin karamellisieren lassen, mit Apfelessig ablöschen und die vorbereiteten Apfelwürfel zufügen. Ingwer, restlichen Zucker und Gewürze zugeben und bei schwacher Hitze 30–40 Minuten einkochen lassen.

3. Apfel Chutney mit Salz und Pfeffer abschmecken und noch heiß in vorbereitete Gläser mit Schraubverschluss füllen. Mit einer hübschen Kordel und selbst gestalteten Etiketten verschenken.

Tomaten-Pfirsich-Chutney

1. Tomaten und Pfirsiche mit kochendem Wasser übergießen und häuten. Tomaten und Pfirsiche entkernen und fein würfeln. Zwiebel schälen und fein hacken. Knoblauchzehen schälen und fein hacken. Chilischote putzen, waschen und fein würfeln.

2. Alles in Apfelessig ca. 30 Minuten köcheln lassen. Zucker, Paprikapulver und Senfkörner zugeben. Weitere 1 1/2 Stunden köcheln lassen, ab und zu umrühren.

3. Chutney mit Salz abschmecken und noch heiß in vorbereitete Gläser mit Schraubverschluss füllen.

Scharfes Paprika-Chutney
mit Tomaten und Kräutern

Zutaten

500 g rote Spitzpaprika
3 Zwiebeln
2 Knoblauchzehen
1 rote Chilischote
2 EL Olivenöl
Paprikapulver
getrockneter Majoran
getrockneter Thymian
Zucker
Salz
frisch gemahlener bunter Pfeffer
2 EL Tomatenmark
1 kg stückige Tomaten
Lorbeerblatt

Zubereitungszeit ca. 50 Minuten
Für 6 Gläser (à 250 ml)

Zubereitung

1. Spitzpaprika putzen, waschen und klein schneiden. Ein Drittel beiseitestellen. Zwiebeln und Knoblauch schälen und fein würfeln. Chilischote putzen, waschen und fein würfeln.

2. Restliche Spitzpaprika, Zwiebel, Knoblauch und Chilischote in Olivenöl glasig anbraten. Mit Paprikapulver, Majoran, Thymian, Zucker, Salz und Pfeffer abschmecken. Tomatenmark zufügen und kurz anbraten. Mit den stückigen Tomaten ablöschen und alles aufkochen lassen.

3. Bei schwacher Hitze zugedeckt köcheln lassen, bis alles weich ist. Mit einem Stabmixer pürieren. Abschmecken, Paprikawürfel und Lorbeerblatt zufügen, erneut aufkochen und zugedeckt kochen lassen, bis das Gemüse weich ist.

4. Die Masse noch heiß in vorbereitete Gläser mit Schraubverschluss füllen. Auskühlen lassen und Glas mit selbst gemachtem Etikett bekleben. In Cellophan verpackt verschenken.

Zutatenliste

Tomatiger Aufstrich
fürs Landbrot

Zutaten

1 kleine Zwiebel
1 TL Olivenöl
1/2 Glas getrocknete Tomaten
150 g Kirschtomaten
1/2 Bund Petersilie
Salz
frisch gemahlener Pfeffer

Zubereitungszeit ca. 20 Minuten
Für 4 Portionen

Zubereitung

1. Zwiebel schälen, fein würfeln und in Olivenöl anbraten.

2. Getrocknete Tomaten klein schneiden und zufügen. Kirschtomaten waschen, würfeln und zufügen. Einige Minuten anbraten. Petersilie waschen, trocken schütteln, Blätter fein hacken und zugeben.

3. Mit einem Stabmixer pürieren und mit Salz und Pfeffer abschmecken.

Tipp

Füllen Sie den Aufstrich in kleine Einmachgläser, die Sie dann nach Herzenslust dekorieren können. Eine Möglichkeit ist eine Stoffhaube: Schneiden Sie aus einem hübschen Stoff Kreise aus, die einen ca. 6 Zentimeter größeren Durchmesser als der Deckel haben. Legen Sie den Stoffkreis auf den Deckel und befestigen Sie ihn mit einem schönen Band aus Bast, Geschenkband oder Golddraht.

Zutatenliste

Cremiger Möhren-Aufstrich
mit Apfel und Frischkäse

Zutaten

100 g Möhren
1 1/2 TL flüssiger Honig
150 g Frischkäse
1/2 säuerlicher Apfel
1/4 Bund Dill
1 1/2 TL Zitronensaft
Salz
frisch gemahlener Pfeffer

Zubereitungszeit ca. 35 Minuten
Für 4 Portionen

Zubereitung

1. Möhren putzen, schälen und fein würfeln. Honig in einem Topf erwärmen und Möhrenwürfel zugeben. 5-6 Esslöffel Wasser angießen, Möhren in ca. 15 Minuten weich dünsten.

2. Möhren mit einem Stabmixer pürieren, abkühlen lassen und mit Frischkäse verrühren.

3. Apfel putzen, waschen und fein würfeln. Dill waschen, trocken schütteln und Fähnchen fein hacken. Mit den Apfelwürfeln zur Möhren-Frischkäse-Creme geben.

4. Möhren-Frischkäse-Creme mit Zitronensaft, Salz und Pfeffer abschmecken.und in kleine Gläser mit Schraubdeckel abfüllen. Gläser mit einer Haube aus Geschenkpapier und einer Kordel verziert verschenken.

Zutatenliste

Kräftiges Rote-Bete-Pesto
mit Walnüssen

Zutaten

500 g Rote Bete
3 Knoblauchzehen
65 g Walnüsse
50 g Parmesan
Saft von 1 Zitrone
5 EL Olivenöl
Salz
frisch gemahlener Pfeffer

Zubereitungszeit
ca. 1 Stunde
Für 4 Gläser (à 200 ml)

Zubereitung

1. Rote Bete in Würfel schneiden und ca. 45 Minuten weich kochen.

2. Knoblauch schälen. Walnüsse, Knoblauch und Parmesan grob hacken und zur Roten Bete zugeben. Zitronensaft und Olivenöl zugeben.

3. Alle Zutaten mit einem Stabmixer pürieren und mit Salz und Pfeffer abschmecken. Pesto in vorbereitete Gläser abfüllen und kühl lagern. Gläser in Cellophan verpacken und mit einem hübschen Geschenkband verzieren.

Tipp

Die satte rote Farbe der Roten Bete kommt vom natürlichen Farbstoff Betanin, der Zellen und Gefäße schützt und die Abwehrkräfte stärkt. Da der Farbstoff bei der Zubereitung austritt, empfiehlt es sich, Einmalhandschuhe und eine Schürze zu tragen, denn der Rote-Bete-Saft färbt alles gnadenlos ein. Sollte trotzdem mal etwas danebengehen, hilft Zitronensaft beim Entfernen der Flecken.

Zutatenliste

Rotes Pesto,
der mediterrane Klassiker

Zutaten

1 Knoblauchzehe
1 Bund Basilikum
1 kleine Chilischote
150 g getrocknete Tomaten
50 g Parmesan oder Grana Padano
30 g Pinienkerne
3 EL trockener Rotwein
1 EL Tomatenmark
150 ml Olivenöl
Salz
frisch gemahlener Pfeffer

Zubereitungszeit ca. 10 Minuten
Für 2 Gläser (à 200 ml)

Zubereitung

1. Knoblauch schälen und grob hacken. Basilikum waschen, trocken schütteln und Blätter fein hacken. Chilischote putzen, waschen und grob hacken. Getrocknete Tomaten und Käse grob hacken.

2. Pinienkerne ohne Öl anrösten und mit Rotwein und Tomatenmark zu den restlichen Zutaten geben. Mit Olivenöl auffüllen und mit dem Stabmixer pürieren. Mit Salz und Pfeffer abschmecken.

3. Rotes Pesto in vorbereitete Gläser mit Schraubverschluss abfüllen und kühl lagern.

Tipp

Bei allen selbst gemachten Pestos gilt: das Pesto im Glas immer mit etwas Olivenöl bedecken, um die Haltbarkeit zu erhöhen. Dadurch hält sich das Pesto problemlos mehrere Wochen. Wenn Sie Pesto auf Vorrat zubereiten, können Sie dieses in Gläser abgefüllt einfrieren und dann bei Bedarf auftauen.

Zutatenliste

Aromatisches Bärlauchpesto
mit Limettensaft

Zutaten

200 g Bärlauch
3 Knoblauchzehen
150 g Pinienkerne
Saft von 1 Limette
500 ml Olivenöl
100 g Parmesan
Meersalz
frisch gemahlener Pfeffer

Zubereitungszeit
ca. 20 Minuten
Für 4 Gläser (à 250 ml)

Zubereitung

1. Bärlauch waschen, trocken schütteln und grob hacken. Knoblauchzehen schälen und fein hacken.

2. Pinienkerne ohne Öl anrösten. Bärlauch, Knoblauch und Pinienkerne mit dem Limettensaft vermengen. Mit Olivenöl aufgießen und mit einem Stabmixer pürieren.

3. Parmesan reiben und zugeben. Mit Salz und Pfeffer abschmecken und in Gläser mit Schraubdeckel abfüllen. Dunkel und kühl lagern. Vor dem Verschenken Gläser mit Geschenkband und selbst gepflückten Gänseblümchen verzieren.

Tipp

Bärlauchpesto lässt sich auf viele verschiedene Arten variieren. Anstatt der Pinienkerne passen auch sehr gut Mandeln oder Walnüsse für das Pesto. Den Parmesan kann man außerdem durch Pecorino ersetzen. Wer es gern ein bisschen schärfer mag, peppt das Pesto mit frischem Chili auf. Dazu einfach eine rote Chilischote waschen, entkernen und mit den restlichen Zutaten im Mixer fein zerkleinern.

Zutatenliste

Tomatenketchup, fruchtig-scharf

Zutaten

3 kg Tomaten
2 rote Chilischoten
30 g Ingwer
250 g Zucker
300 ml milder Weißweinessig
1/2 TL Paprikapulver
1/2 TL gemahlene Nelken
1/4 TL gemahlener Koriander
1/2 EL Meersalz
frisch gemahlener Pfeffer

Zubereitungszeit ca. 1 Stunde und 30 Minuten
Für 4 Flaschen (à 500 ml)

Zubereitung

1. Tomaten waschen, halbieren, vom Stielansatz befreien und fein würfeln. Tomatenstücke aufkochen lassen.

2. Chilischoten putzen, waschen, entkernen und fein würfeln. Ingwer schälen und fein würfeln. Chili und Ingwer zu den Tomaten geben und unter Rühren aufkochen. Hitze reduzieren und ca. 30 Minuten kochen lassen. Gelegentlich umrühren.

3. Tomatenmasse durch ein Sieb streichen und Zucker, Essig und Gewürze zugeben. Gut verrühren und ca. 45 Minuten einkochen lassen. Mit Salz und Pfeffer abschmecken.

4. Tomatenketchup noch heiß in Flaschen oder Gläser geben und sofort fest verschließen. Kühl und dunkel lagern. Gläser vor dem Verschenken mit einer Haube aus buntem Geschenkpapier und Bast verzieren

Zutatenliste

Frische Käsecracker
mit Blüten-Deko

Zutaten

einige Schnittlauchblüten
1/2 Bund Schnittlauch
100 g geriebener Parmesan
200 g Mehl
1/2 TL Salz
1/2 TL Paprikapulver
70 g Butter

Zubereitungszeit
ca. 1 Stunde und 20 Minuten
Für ca. 1 1/2 Bleche

Zubereitung

1. Einige Schnittlauchblüten für die Dekoration beiseitestellen. Restliche Blüten klein zupfen. Schnittlauch waschen, trocken schütteln und in Röllchen schneiden.

2. Parmesan reiben und mit Mehl, Salz, Paprikapulver, Schnittlauchblüten und Butter so lange verrühren, bis sich die Zutaten gleichmäßig im Mehl verteilt haben.

3. 80 Milliliter Wasser zugeben und zu einem glatten Teig verkneten. Teig in Frischhaltefolie wickeln und ca. 30 Minuten im Kühlschrank ruhen lassen. Backofen auf 200 °C (Umluft: 180 °C) vorheizen.

4. Teig dünn ausrollen und mit einem Glas Kreise ausstechen. Cracker auf ein mit Backpapier ausgelegtes Backblech legen und mit einer Gabel einstechen.

5. Cracker im vorgeheizten Backofen ca. 15 Minuten backen, bis sie goldbraun sind. Vollständig abkühlen lassen und in ein Cellophantütchen füllen. Blüten und Schnittlauchröllchen zur Dekoration darüberstreuen.

Zutatenliste

Tipp

Zu den Crackern eignet sich Frischkäse als Dip. Einfach ein kleines Glas mit Frischkäse füllen und zusammen mit den Crackern verschenken.

Kunterbunter Schichtsalat

mit Quinoa

Zutaten

100 g Quinoa
Salz
1 EL Olivenöl
1 grüne Paprikaschote
1 gelbe Paprikaschote
1 Handvoll Salatblätter
1 große rote Zwiebel
1 Handvoll Cocktailtomaten
1/2 Tasse Vinaigrette nach Wahl

Zubereitungszeit ca. 40 Minuten
Für 2 Gläser (à 250 ml)

Zubereitung

1. Quinoa gründlich unter fließendem Wasser waschen. 300 Milliliter Wasser zum Kochen bringen und Quinoa bei kleiner Hitze zugedeckt ca. 12 Minuten kochen. Quinoa vom Herd nehmen und 10 Minuten quellen lassen, leicht salzen und mit Olivenöl beträufeln.

2. Paprikaschoten waschen, entkernen und in Streifen schneiden. Salat waschen und trocken schütteln. Zwiebel schälen, halbieren und in Streifen schneiden. Cocktailtomaten waschen und halbieren.

3. Vinaigrette in ein Schraubdeckelglas geben, darüber grüne Paprika, Zwiebel, gelbe Paprika, Salat, Quinoa und Cocktailtomaten einschichten. Mit dem Deckel verschließen und bis zum Verschenken im Kühlschrank aufbewahren.

4. Zum Verschenken, Glas mit einem selbst gestalteten Etikett und Geschenkband verzieren. Vor dem Verzehr Glas auf den Kopf stellen bzw. gut schütteln, um das Dressing zu verteilen.

Zutatenliste

WECK

Scharfer Möhrensalat
mit Orangen-Dressing

Zutaten

10 große Möhren
2 kleine Zwiebeln
2 Knoblauchzehen
Saft von 1 Orange
4 EL Olivenöl
2 EL Apfelessig
2 TL scharfer Senf
2 TL Zucker
Salz
frisch gemahlener Pfeffer

Zubereitungszeit
ca. 20 Minuten
(+ ca. 3 Stunden Ziehzeit)
Für 4 Portionen

Zubereitung

1. Möhren putzen, schälen und raspeln. Zwiebeln schälen und fein reiben. Knoblauch schälen und fein hacken. Alles gut miteinander verrühren.

2. Aus Orangensaft, Olivenöl, Apfelessig, Senf und Zucker ein Dressing anrühren. Mit Salz und Pfeffer abschmecken. Dressing zum Salat geben und gut durchmischen.

3. Salat in Schraubdeckelgläser füllen und im Kühlschrank einige Stunden ziehen lassen.

Tipp

Mit festem Packpapier und einer farbigen Kordel lässt sich das Einmachglas hübsch dekorieren. Dazu aus dem Packpapier einen großen Kreis ausschneiden, mittig über den Deckel legen und mit der Kordel fest zubinden. Das Papier kann anschließend beschriftet oder mit Aufklebern dekoriert werden.

Zutatenliste

Salat-Dressing mit Kräutern im Schüttelglas

Zutaten

1 EL scharfer Senf
125 ml weißer Balsamico
1 TL Salz
1/2 TL Zucker
100 ml frisch gepresster Orangensaft
250 ml Rapsöl
je 1 kleiner Bund Petersilie, Basilikum und Schnittlauch
1 rote Chilischote
frisch gemahlener Pfeffer

Zubereitungszeit ca. 25 Minuten
Für 4 Gläser (à 200 ml)

Zubereitung

1. Senf, Essig, Salz, Zucker und Orangensaft mit 125 Milliliter Wasser verrühren. Öl zugeben und alles mit dem Schneebesen verquirlen.

2. Kräuter waschen, trocken schütteln und Blätter fein hacken. Schnittlauch in feine Röllchen schneiden. Chilischote putzen, waschen, Kerne entfernen und sehr fein hacken.

3. Chili und Kräuter zugeben und die Vinaigrette mit Pfeffer abschmecken. Dressing in Gläser mit Bügelverschluss abfüllen und kalt stellen. Mit selbst gestaltetem Etikett bekleben und in Cellophan verpackt verschenken.

Tipp

Das Dressing lässt sich auf unterschiedlichste Weise variieren. Probieren Sie z. B. süßen anstatt scharfen Senf und tauschen Sie den weißen Balsamico mit dunklem Balsamico aus. Anstatt Orangensaft können Sie auch je nach Geschmack Zitronen- oder Limettensaft hernehmen. Das Kräuterdressing hält sich im Kühlschrank ca. 1 Woche.

Zutatenliste

Scharf, schärfer, Chili-Öl,

ein feuriges Mitbringsel

Zutaten

4 getrocknete rote Chilischoten
500 ml Olivenöl

Zubereitungszeit ca. 5 Minuten (plus ca. 2 Wochen Ruhezeit)
Für 1 Flasche (à 500 ml)

Zubereitung

1. Chilischoten mit den Kernen klein schneiden und in eine Flasche oder ein Glas geben. Mit Olivenöl auffüllen und verschließen.

2. An einem dunklen und trockenen Ort lagern. Nach ca. 1–2 Wochen hat das Öl die Schärfe der Chilischoten angenommen. Vor dem Verschenken, Glas oder Flasche mit einem dekorativen Stoffband verzieren.

Tipp

Chili-Öl kann auch aus frischen Chilis hergestellt werden. Dazu die gewünschte Menge an Öl erhitzen und die fein geschnittenen Chilischoten zufügen. Diese werden dann so lange durchgebraten, bis sie fast dunkelbraun sind. Danach das Chili-Öl abkühlen lassen und durch einen Kaffeefilter bzw. ein feines Sieb gießen.

Zutatenliste

Würzmischung
für Pasta und Risotto

Zutaten

4 EL getrocknete Steinpilze
4 EL getrocknete Pfifferlinge oder Champignons
3 EL getrocknete Petersilie
3 EL getrocknete Sellerieblätter
2 EL Paprikapulver
1 EL gemahlene Kurkuma
1 TL frisch gemahlener Pfeffer
1 TL Knoblauchpulver
1 TL getrocknetes Zwiebelpulver
1 TL getrocknetes Basilikum
1 TL Salz

Zubereitungszeit ca. 5 Minuten
Für 1 Glas

Zubereitung

1. Getrocknete Pilze fein hacken. Pilze mit den Gewürzen vermischen.

2. Gewürzmischung in ein Glas mit Schraubverschluss füllen und dieses mir einer Stoffhaube oder einer Haube aus Geschenkpapier verzieren.

Tipp

Die Würzmischung kann auf unterschiedlichste Weise variiert werden. Probieren Sie z. B. verschiedene getrocknete Kräuter aus, um unterschiedliche Geschmacksnuancen zu erhalten. Der Fantasie sind dabei keine Grenzen gesetzt. Geben Sie z. B. statt getrockneter Petersilie einfach getrockneten Zitronenthymian in die Mischung. Auch mit den Mengen der einzelnen Gewürzkomponenten lässt sich experimentieren: Wer es schärfer mag, erhöht die Menge an Paprikapulver und gibt etwas getrockneten Chili hinzu.

Zutatenliste

Traumhafte Kürbissuppe,
herrlich cremig und aromatisch

Zutaten

2 Hokkaidokürbisse
Salz
800 g Möhren
2 mittelgroße Kartoffeln
50 g Ingwer
1 mittelgroße Zwiebel
1/4 Knolle Sellerie
1 Knoblauchzehe
2 kleine Chilischoten
Olivenöl
1 1/4 Liter Gemüsebrühe
frisch gemahlener Pfeffer
etwas frisch geriebener Muskat

Zubereitungszeit ca. 20 Minuten
Für 6 Portionen

Zubereitung

1. Kürbisse waschen, putzen und in Würfel schneiden. Kürbiskerne vom restlichen Fruchtfleisch befreien und in Salzwasser einlegen. Backofen auf 200 °C (Umluft: 180 °C) vorheizen.

2. Möhren, Kartoffeln, Ingwer, Zwiebel, Sellerie und Knoblauch putzen, schälen und in Würfel schneiden. Chilischoten waschen, putzen, entkernen und fein hacken. Gemüse in etwas Olivenöl kurz anbraten und mit der Brühe ablöschen. Bei mittlerer Hitze ca. 30 Minuten köcheln lassen.

3. Kürbiskerne abtrocknen, auf einem Backblech ausbreiten und für ca. 20–30 Minuten im vorgeheizten Backofen rösten. Alternativ kann man auch geschälte und geröstete Kürbiskerne aus dem Handel verwenden.

4. Weich gekochtes Gemüse mit dem Stabmixer pürieren und mit Salz, Pfeffer und Muskat abschmecken. Kürbissuppe in Gläser oder Flaschen mit Schraubverschluss abfüllen. Geröstete Kürbiskerne in ein kleines Cellophan-Tütchen füllen und zur Kürbissuppe verschenken.

Zutatenliste

Teemischungen
aus Früchten und Blüten

Zutaten

2 unbehandelte Orangen
2 unbehandelte Zitronen
2 Äpfel
100 g Ingwer
1 Bund Minze

Zubereitungszeit ca. 2 Stunden
Für 150 g Früchtetee-Mischung

Anregender Früchtetee

1. Backofen auf 100 °C (Umluft: 80 °C) vorheizen. Orangen, Zitronen und Äpfel waschen und die Schale fein abschälen. Ingwer schälen und in dünne Scheiben schneiden. Minze waschen, trocken schütteln und Blätter abzupfen.

2. Zwei Bleche mit Backpapier belegen. Früchte und Minze auf den Blechen verteilen und in den Backofen schieben. Nach etwa 12 Minuten Minze herausnehmen. Nach weiteren 15 Minuten die Apfelschalen. Nach weiteren 20 Minuten die Orangen- und Zitronenschalen. Nach etwa 1 1/2 Stunden Ingwer aus dem Ofen nehmen. Zutaten klein schneiden und gut vermischen. Früchtetee in Dosen oder Cellophan-Tütchen verpacken.

frisch geerntete Holunderblüten

Zubereitungszeit ca. 3-4 Tage
Für 100 g Holunderblütentee-Mischung

Holunderblütentee

1. Holunderblüten auf Papier ausbreiten und an einem trockenen, dunklen Ort ca. 3 Tage trocknen lassen. Nach dem Trocknen Blüten von den Stielen zupfen und nochmals zum Trocknen auslegen.

2. Blüten können auch im Backofen getrocknet werden. Blüten auf dem Backblech gut ausbreiten und bei 30°C in den Ofen schieben. Ab und zu wenden. Blüten sind durchgetrocknet, wenn sie beim Anfassen leicht rascheln und leicht von den Stielen fallen. Holunderblüten in Dosen oder Cellophan-Tütchen verpacken.

Zutatenlisten

Gefüllte Zucchiniblüten

mit Ricotta

Zutaten

30 g Pinienkerne
20 g Basilikum
250 g Ricotta
10 g Paniermehl
10 g Hartkäse (z. B. Grana Padano oder Parmesan)
1 Eigelb
Schale von 1 unbehandelten Zitrone
Salz
frisch gemahlener Pfeffer
8 Zucchiniblüten
4 EL Polentagrieß
3 EL Olivenöl
10 g Butter

Zubereitungszeit ca. 40 Minuten
Für 4 Portionen

Zubereitung

1. Für die Füllung Pinienkerne ohne Fett goldbraun rösten und fein hacken. Basilikum waschen, trocken schütteln, Blätter abzupfen und fein hacken.

2. Ricotta, Pinienkerne, Basilikum, Paniermehl, fein geriebenen Hartkäse, Eigelb und 1 Teelöffel abgeriebene Zitronenschale miteinander vermengen. Mit einem Stabmixer kurz pürieren und mit Salz und Pfeffer würzen. Füllung in einen Spritzbeutel ohne Lochtülle geben. Backofen auf 180 °C (keine Umluft) vorheizen.

3. Zucchiniblüten öffnen und die Blütenstempel mit den Staubgefäßen abknipsen. Vorbereitete Füllung in die Blüten spritzen. Blütenspitzen zusammendrehen und die Blüten so verschließen. Gefüllte Zucchiniblüten im Polentagrieß wälzen und leicht andrücken.

4. 3 Esslöffel Öl und Butter erhitzen. Zucchiniblüten bei mittlerer Hitze ca. 4–5 Minuten anbraten und mit Salz würzen. Zucchiniblüten im vorgeheizten Backofen weitere ca. 10 Minuten garen.

5. Zucchiniblüten abkühlen lassen und in ein breites Glas mit Bügelverschluss füllen. Glas mit einem dekorativen Stoffband verziert verschenken.

Zutatenliste

Lavendel-Butter,
einmal herzhaft, einmal süß

Zutaten

Herzhafte Variante:
250 g Butter
1 Handvoll getrockneter Lavendel
1 Knoblauchzehe
Saft von 1/2 Zitrone
Meersalz
frisch gemahlener Pfeffer

Süße Variante:
250 g Butter
2 Handvoll frisch geerntete Lavendelblüten
2 TL Honig
1 TL Rosenwasser
6 rosa Pfefferbeeren

Zubereitungszeit jeweils ca. 10 Minuten
Für jeweils 1 Rolle

Zutatenlisten

Herzhafte Lavendel-Butter

1. Für die pikante Variante Butter weich werden lassen. Lavendelblüten fein hacken, Knoblauchzehe schälen und durch die Knoblauchpresse drücken. Blüten, Knoblauch und Zitronensaft mit der Butter vermengen.

2. Mit Meersalz und Pfeffer abschmecken. Lavendelbutter in Frischhaltefolie zu einer Rolle formen und im Kühlschrank fest werden lassen. Rolle in Cellophanpapier wickeln und jeweils an den Enden mit dekorativem Geschenkband zubinden.

Süße Lavendel-Butter

Für die süße Variante, die Butter weich werden lassen und die Lavendelblüten zugeben. Rosenwasser und fein zerstoßene Pfefferbeeren sowie Honig unterrühren. Butter in Frischhaltefolie zu einer Rolle formen und im Kühlschrank fest werden lassen.Rolle in Cellophanpapier wickeln und jeweils an den Enden mit dekorativem Geschenkband zubinden.

Tipp

Genießen Sie die herzhafte Lavendelbutter zu gegrilltem Lamm oder auf geröstetem Baguette. Die süße Variante schmeckt herrlich auf warmen Croissants oder Milchbrötchen. Übrigens: Lavendelbutter kann gut eingefroren werden und eignet sich deshalb dazu, in größeren Mengen hergestellt zu werden.

Eingelegte Kürbiswürfel
mit weihnachtlichen Gewürzen

Zutaten

1 kg Kürbisfleisch
3 EL Zucker
7 EL Weißweinessig
1 Zimtstange
1/2 TL Kardamom

Zubereitungszeit ca. 25 Minuten (plus ca. 2 Wochen Ruhezeit)
Für 6 Gläser (à 250 ml)

Zubereitung

1. Kürbisfleisch in mundgerechte Würfel schneiden.

2. 600 Milliliter Wasser mit Zucker, Essig, Zimt und Kardamom aufkochen lassen. Kürbis zugeben und so lange kochen, bis der Kürbis gar ist.

3. Kürbis mit Sud noch heiß in Gläser mit Schraubverschluss füllen und gut verschließen. Kürbis vor dem Verschenken 2 Wochen lang an einem dunklen Ort ziehen lassen. Mit einer Stoffhaube und farbigem Bast verziert verschenken.

Tipp

Bei allen Einmach-Rezepten gilt: Eingemachtes immer gleich heiß verschließen. Zum einen entsteht beim Abkühlen des Einmachguts ein Vakuum, das die Haltbarkeit deutlich erhöht. Zum anderen tötet die Hitze eventuelle Bakterien ab, die sich vielleicht noch im Einmachglas befinden.

Zutatenliste

Gurkensticks mit Dill,
süßsauer eingelegt

Zutaten

1 l Weißweinessig
10 EL Zucker
2 EL Senfkörner
1 TL Pfefferkörner
8 Wacholderbeeren
Lorbeerblätter
1 Bund Dill
2 kg Einlegegurken
12 kleine Zwiebeln
12 Knoblauchzehen
8 Dilldolden

Zubereitungszeit
ca. 30 Minuten (plus ca. 2–3 Wochen Ruhezeit)
Für 4 große Weckgläser

Zubereitung

1. Essig mit 2 Litern Wasser, Zucker, Senfkörnern, Pfefferkörnern, Wacholderbeeren und Lorbeerblättern zu einem Sud kochen. Dill waschen, trocken schütteln, grob hacken und in den Sud geben.

2. Gurken waschen und in Sticks schneiden. Zwiebeln und Knoblauch schälen. Zwiebeln halbieren.

3. 1-2 Dilldolden in die vorbereiteten Gläser legen und in jedes Glas Gurkensticks, Knoblauch und Zwiebeln einschichten oder -stellen.

4. Kochenden Sud über die Gurken gießen bis diese komplett mit dem Sud bedeckt sind. Gläser gut verschließen und dunkel lagern. Gurken vor dem Verschenken 2-3 Wochen ziehen lassen. Glas mit einer Haube aus Stoff oder Geschenkpapier verziert verschenken.

Zutatenliste

Limoncello

Gartenfreude schenken -

Früchte, Sirup & Liköre

Üppige Blaubeertörtchen
mit Vanillefüllung

Zutaten

250 g Mehl
125 g Butter
75 g Zucker
1 Ei
Fett für die Förmchen
1 Päckchen Vanillepuddingpulver
¼ l Milch
3 EL Zucker
350 g Blaubeeren
Puderzucker

Zubereitungszeit ca. 1 Stunde
Für 8 Stück

Zubereitung

1. Backofen auf 200 °C (Umluft: 180 °C) vorheizen. Mehl, Butter, Zucker und Ei zu einem glatten Teig kneten. Teig in Frischhaltefolie ca. 30 Minuten in den Kühlschrank legen.

2. 8 Tarteförmchen einfetten. Teig dünn ausrollen und Förmchen damit auskleiden. Boden mehrmals mit einer Gabel einstechen und 15–20 Minuten backen. Förmchen herausnehmen und abkühlen lassen.

3. Für die Füllung Vanillcpudding mit Milch und Zucker nach Packungsanleitung anrühren. Törtchen aus den Förmchen heben und komplett auskühlen lassen. Pudding in die Mini-Tartes füllen und mit gewaschenen Blaubeeren belegen. Je nach Wunsch mit Puderzucker bestreuen.

4. Törtchen entweder einzeln in Cellophan verpackt oder auf einer Sevierplatte angerichtet verschenken.

Zutatenliste

Fruchtige Tarteletten,
ein schnelles Präsent

Zutaten

125 g Mehl
50 g geriebene Mandeln
1 TL Backpulver
80 g Butter
25 g Puderzucker
Salz
1 Ei
Mehl für die Förmchen
75 g Sahne
175 g Frischkäse
Zucker
50 g dunkle Kuvertüre
125 g Himbeeren
Pistazien

Zubereitungszeit
ca. 55 Minuten
Für 4 Stück

Zubereitung

1. Backofen auf 200 °C (Umluft: 180 °C) vorheizen. Für den Teig Mehl, Mandeln und Backpulver mischen. Butter mit Puderzucker und einer Prise Salz vermengen. Ei trennen und Eigelb zur Butter geben. Mehlmischung zugeben und kurz unterkneten. Teig in Frischhaltefolie einschlagen und 30 Minuten kühl stellen.

2. Tartelette-Förmchen mit Mehl bestäuben und mit dem ausgerollten Teig auskleiden. Böden der Tarteletten mit einer Gabel mehrmals einstechen. Die Tarteletten auf der mittleren Schiene ca. 20 Minuten backen.

3. Für die Füllung Sahne steif schlagen und Frischkäse glatt rühren. Sahne unterheben und nach Geschmack mit Zucker süßen. Kuvertüre im Wasserbad schmelzen und abgekühlte Tarteletten damit bestreichen.

4. Tarteletten mit Sahne-Frischkäse-Creme befüllen und mit gewaschenen Himbeeren garnieren. Mit Puderzucker und Pistazien verzieren.

5. Tarteletten entweder einzeln in Cellophan verpacken oder in eine Tortenschachtel geben und verschenken.

Zutatenliste

Feine Apfelrosen
mit Marillenmarmelade

Zutaten

2 große Äpfel
Saft von 1/2 Zitrone
4 EL Marillenmarmelade
1 Packung Blätterteig
Zucker
Zimt
Puderzucker zum Bestreuen

Zubereitungszeit ca. 45 Minuten
Für ca. 8 Stück

Zubereitung

1. Äpfel putzen, waschen, halbieren, Kerngehäuse entfernen und in gleichmäßig dünne Scheiben schneiden. Apfelscheiben in wenig Wasser und Zitronensaft ca. 2 Minuten weich kochen.

2. Backofen auf 190 °C (Umluft: 170 °C) vorheizen. Marmelade mit wenig Wasser erhitzen. Blätterteig ausrollen, mit Marmelade bestreichen und mit Zimt und Zucker bestreuen.

3. Blätterteig längs in 5 Zentimeter breite Streifen schneiden. Abgekühlte Apfelscheiben entlang des Streifens auf die obere Hälfte des Blätterteigs legen, sodass die einzelnen Scheiben übereinanderliegen und etwas über den Blätterteig ragen.

4. Untere Hälfte des Blätterteigstreifens nach oben über die Apfelscheiben klappen und vorsichtig zusammenrollen. Die so entstandenen Röschen in Muffinformen setzen und für ca. 20–25 Minuten in den Backofen geben.

5. Die fertigen Apfelrosen mit Puderzucker bestreuen. Apfelrosen entweder einzeln in Cellophan verpacken oder in eine Tortenschachtel geben und verschenken.

Zutatenliste

Beeren im Teigmantel,
die Stachelbeerwähe

Zutaten

200 g Mehl
2 TL Backpulver
300 g Magerquark
50 g Margarine
100 g Zucker
1 Prise Salz
4 Eier
3 EL Milch
200 g Stachelbeeren
150 g Beerenmischung (z. B. Johannisbeere, Heidelbeere und Himbeere)
100 g Sahne
1/2 TL Zimt
1 Päckchen Vanillepuddingpulver
Puderzucker

Zubereitungszeit ca. 1 Stunde
Für 1 Wähe

Zubereitung

1. Für den Teig Mehl sieben und mit dem Backpulver vermischen. 100 Gramm Quark, Margarine, 50 Gramm Zucker, Salz, 1 Ei und Milch zugeben und zu einem glatten Teig kneten.

2. Teig ausrollen und in eine gefettete Springform geben. Einen ca. 2 Zentimeter hohen Rand hochdrücken. Backofen auf 180 °C (Umluft: 160 °C) vorheizen.

3. Für den Belag Beeren waschen und putzen. Sahne, 200 Gramm Magerquark, 3 Eier, restlichen Zucker, Zimt und Puddingpulver verrühren und in die Springform gießen. Beeren darüber verteilen.

4. Wähe im vorgeheizten Ofen ca. 35–40 Minuten backen. Abkühlen lassen, auf eine Servierplatte legen und mit Puderzucker bestäuben.

Zutatenliste

Erdbeersirup,
erfrischend und fruchtig

Zutaten

1 1/4 kg Zucker
1 kg Erdbeeren
Saft von 1 Zitrone

Zubereitungszeit ca. 20 Minuten
Für 1 Flasche (à 1 l)

Zubereitung

1. Zucker in 600 Millilitern Wasser zum Kochen bringen. Erdbeeren putzen, waschen, vierteln und in die Zuckerlösung geben. Zitronensaft zugeben. 5 Minuten kochen lassen.

2. Erdbeeren durch ein Tuch pressen, Sirup auffangen und noch heiß in eine vorbereitete Flasche geben.

Tipp

Viele Geschenke aus dem Garten lassen sich auch wunderbar zu Geschenk-Sets kombinieren. Zum feinen selbst gemachten Pesto bieten sich Nudeln als Geschenk an. Zur selbst gemachten Konfitüre verschenkt man ein leckeres Brot. Und zu einem Likör oder Sirup passt hervorragend eine Flasche Sekt oder Champagner.

Zutatenliste

Johannisbeerlikör,
lecker und kraftvoll

Zutaten

500 g rote Johannisbeeren
500 g Rohrzucker
1 Päckchen Vanillezucker
3 Gewürznelken
1 Zimtstange
1 l Obstbranntwein (z. B. Apfel oder Birne)

Zubereitungszeit ca. 20 Minuten (plus 3-4 Monate Ruhezeit)
Für 1 Flasche (à 1 Liter)

Zubereitung

1. Johannisbeeren waschen, abtropfen lassen und von den Rispen streifen. Die Beeren mit Zucker und Vanillezucker verrühren und mit einer Gabel zerdrücken. Gewürznelken und Zimtstange zugeben.

2. Obstbranntwein zugeben und gut verrühren. Alles in eine bauchige Flasche füllen und an einem warmen, dunklen Ort 3-4 Monate ruhen lassen.

3. Likör durch ein Sieb abgießen und Beeren durchstreichen. Johannisbeerlikör in eine Flasche abfüllen

Tipp

Als Verpackung für Liköre oder Sirups eignen sich entweder Flaschen mit Bügelverschluss oder mit Korken. Zum Verzieren können Sie auf diverse Materialien zurückgreifen. Nehmen Sie z. B. Kordeln, Bast, Golddraht, Rüschen und Spitzen oder Glasmalfarben und Glasmalstifte. Bei Flaschen und Einmachgläsern bietet es sich außerdem an, hübsch beschriftete Etiketten auf das Glas zu kleben.

Zutatenliste

Limoncello,
süß und fruchtig für den Sommer

Zutaten

10 unbehandelte Zitronen
1 l Alkohol 90 % Vol.
(in der Apotheke erhältlich)
800 g Zucker

Zubereitungszeit
ca. 30 Minuten
(plus ca. 2 Wochen Ruhezeit)
Für 2 Flaschen (à 1 Liter)

Zubereitung

1. Zitronen dünn schälen, sodass die weiße Innenhaut an der Zitrone bleibt. Ansonsten gelangen zu viele Bitterstoffe in den Likör. Zitronenschalen in Streifen schneiden und zusammen mit dem Alkohol in eine große, bauchige Flasche geben. Für 2 Wochen ziehen lassen.

2. Nach 2 Wochen Zitronenalkohol und Saft von 1 Zitrone durch ein Tuch oder Filterpapier filtern. Zitronenschalen dabei gut auspressen. Vorgang so oft wiederholen, bis keine Zitronenschalen mehr im Alkohol sind.

3. 800 Gramm Zucker und 1 Liter Wasser aufkochen, bis ein dickflüssiger Sirup entsteht. Vom Herd nehmen und abkühlen lassen.

4. Zuckersirup zum Zitronenalkohol geben und gut vermischen. Anschließend in Flaschen abfüllen und noch einmal ca. 1 Woche an einem kühlen, dunklen Ort lagern. Danach Flasche mit einem dekorativen Stoffband und selbst gestaltetem Etikett verzieren. Limoncello im Tiefkühlfach lagern und eiskalt genießen.

Zutatenliste

Limoncello

Confiture de Cassis,

Geschmack pur

Zutaten

1 kg Schwarze Johannisbeeren
100 ml Creme de Cassis
500 g Gelierzucker, 2:1
1 Vanilleschote

Zubereitungszeit ca. 15 Minuten
Für 4 Gläser (à 200 ml)

Zubereitung

1. Johannisbeeren waschen, abtropfen lassen und von den Rispen streifen. Die vorbereiteten Früchte mit Creme de Cassis und Gelierzucker verrühren. Vanilleschote aufschneiden, Vanillemark herauskratzen und zu den Früchten geben.

2. Unter ständigem Rühren zum Kochen bringen und 4 Minuten sprudelnd kochen lassen. Heiße Konfitüre in die vorbereiteten Gläser füllen und sofort verschließen. Abkühlen lassen und mit einer Stoffhaube und einem Stoffband verziert verschenken.

Tipp

Cassis ist die französische Bezeichnung für die Schwarze Johannisbeere. Diese harmoniert als Konfitüre mit vielen anderen Früchten. Ersetzen Sie z. B. die Hälfte der Johannisbeeren mit eingelegten Sauerkirschen, frischen Himbeeren oder Rhabarber.

Zutatenliste

Himbeertraum im Glas
mit Mascarpone

Zutaten

1 Vanilleschote
250 g Joghurt
250 g Mascarpone
150 g Sahne
4 EL Zucker
500 g Himbeeren

Zubereitungszeit
ca. 15 Minuten
Für 4 Gläser (à 250 ml)

Zubereitung

1. Vanilleschote aufschneiden und Vanillemark herauskratzen. Joghurt und Mascarpone mit Sahne glatt rühren. Zucker und Vanillemark zugeben.

2. Himbeeren waschen, 8 Himbeeren für die Dekoration beiseitestellen. Restliche Himbeeren mit dem Stabmixer pürieren. Himbeermus durch ein feines Sieb streichen, um Himbeerkerne zu entfernen.

3. Abwechselnd Joghurtcreme und Himbeersoße in einem Glas aufschichten. Mit Himbeeren dekorieren.

Tipp

Die satte rote Farbe der Himbeere macht dieses Dessert zu einem echten Hingucker. Verpacken Sie die Einmachgläser deshalb in Zellophanpapier, so kommt Ihr Geschenk am besten zur Geltung. Eine hübsche Schleife aus einem dekorativen Spitzen- oder Stoffband – fertig ist das köstliche Mitbringsel.

Zutatenliste

Schoko-Erdbeeren,
immer beliebt

Zutaten

500 g Erdbeeren
150 g dunkle Kuvertüre
150 g weiße Kuvertüre
50 g gehackte Haselnüsse
50 g Kokosraspel

Zubereitungszeit
ca. 30 Minuten
Für 4 Portionen

Zubereitung

1. Erdbeeren mit Stiel waschen und trocken tupfen. Kuvertüre im Wasserbad schmelzen und leicht abkühlen lassen.

2. Erdbeeren am Stiel halten und in die dunkle bzw. helle Kuvertüre tauchen. 1/3 der Erdbeeren auf ein Gitter geben und Schokolade fest werden lassen. Ein weiteres Drittel vor dem Trocknen in gehackten Haselnüssen wälzen. Das letzte Drittel vor dem Trocknen in Kokosraspeln wälzen. Nach dem Dekorieren ebenfalls auf ein Gitter legen und trocknen lassen.

3. Sobald die Kuvertüre fest ist, Schokoladenerdbeeren in kleine Pralinenförmchen legen.Zum Verschenken, die Erdbeeren in einer dekorativen Schachtel oder Dose verpacken.

Zutatenliste

Register

Impressum

www.otus.ch
ISBN 978-3-03793-584-2

Komplettproducing: twinbooks, München
Texte: Melanie Goldmann, Eva Hutter für twinbooks, München
Abbildungsverzeichnis: Shutterstock Images: Cover vorne Africa Studio; 2 jordache; 5 yonibunga; 6 Bratwustle; 7 l. u. Morinka; 7 r. o. Alliance; 8 Jack Frog; 9 l. u. Viktoria Gaman; 9 r. o. Aprilphoto; 10, 25 aristoteles; 13 lizabarbiza; 14 wsf-s; 17 NADKI; 18 VICUSCHKA; 21 Tatiana Vorona; 22 L.Trott; 26 TunedIn by Westend61; 29 Africa Studio; 30 Kati Molin; 32, 51 ILEISH ANNA; 35 lidante; 36 muh23; 39 pearl7; 40 palomadelosrios; 43 ADINA MAGDA; 44 sarsmis; 47 Heike Rau; 48 Shebeko; 52 arfo; 55 Dream79; 56, 73 Barbara Neveu; 58, 69 Agnes Kantaruk; 61 Ruth Black; 62 MaraZe; 65 Tetiana Shumbasova; 66 Foxy's Forest Manufacture; 70 Olga Perepelova; 74 kostrez; 77 AS Food studio; 78 gvictoria;
Schmuckabbildungen: Ohmega1982; Chaikom